Made in the USA
Las Vegas, NV
09 December 2022

61610328R10063